Couverture inférieure manquante

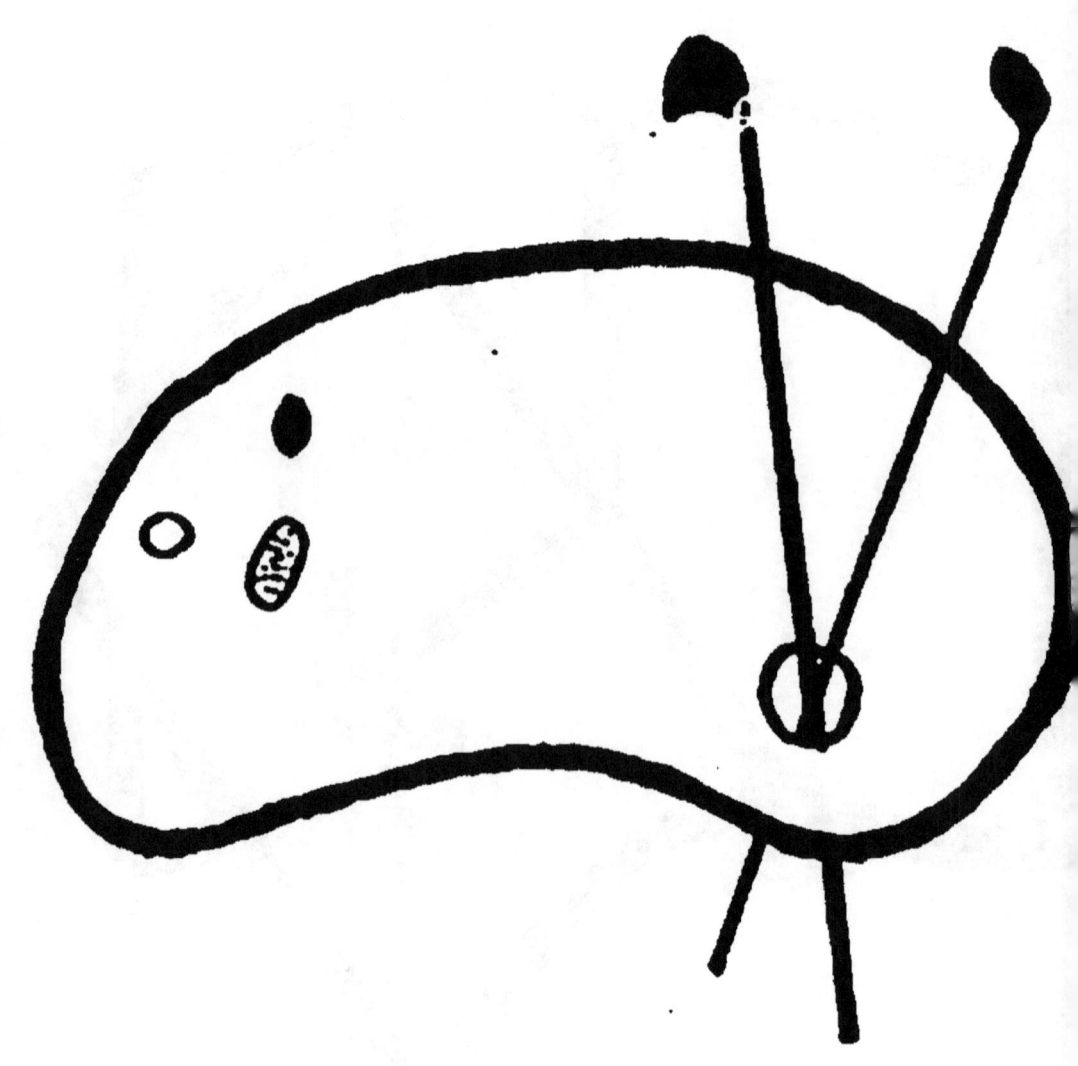

ORIGINAL EN COULEUR
NF Z 43-120-8

ÉTUDE

SUR

LA RENAISSANCE ISLAMIQUE

ET LES

PUISSANCES CHRÉTIENNES

A LA FIN DU DIX-NEUVIÈME SIÈCLE

PAR

FAUSTIN D'AUTREMONT

PARIS
LIBRAIRIE MARESCQ AINÉ
CHEVALIER-MARESCQ ET Cⁱᵉ, ÉDITEURS
20, RUE SOUFFLOT, 20
—
1893

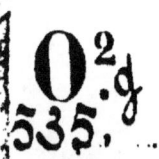

ETUDE

SUR

LA RENAISSANCE ISLAMIQUE

ET LES

PUISSANCES CHRÉTIENNES

A LA FIN DU DIX-NEUVIÈME SIÈCLE

ÉTUDE

SUR

LA RENAISSANCE ISLAMIQUE

ET LES

PUISSANCES CHRÉTIENNES

A LA FIN DU DIX-NEUVIÈME SIÈCLE

PAR

FAUSTIN D'AUTREMONT

PARIS
LIBRAIRIE MARESCQ AÎNÉ
CHEVALIER-MARESCQ ET Cⁱᵉ, ÉDITEURS
20, RUE SOUFFLOT, 20
—
1893

ÉTUDE
SUR
LA RENAISSANCE ISLAMIQUE
ET LES
PUISSANCES CHRÉTIENNES
A LA FIN DU DIX-NEUVIÈME SIÈCLE

L'Islam est l'adversaire le plus résolu et le plus redoutable que les nations européennes aient rencontré dans la lutte qu'elles soutiennent pour asseoir leur domination et établir leur prestige sur des terres nouvelles.

Plus le contact a été fréquent entre notre civilisation et la franc-maçonnerie coranique, plus on a constaté le peu d'essor de nos idées religieuses et sociales dans des pays où le champ d'action islamique se développe avec rapidité. C'est que s'il n'y a plus de chrétienté, au sens du Moyen Age, mais des États cherchant à satisfaire isolément, aux dépens les uns des autres, leurs ambitions égoïstes, il y a toujours un Islam formant un groupement puissant sur lequel les forces des puissances européennes ne semblent avoir que peu de prises.

A celui qui étudie même superficiellement l'histoire des relations de l'Europe avec le Mahométisme le premier fait qui apparaît, c'est la vigueur soudaine par laquelle ce dernier, que semblait paralyser une décrépitude anticipée, a révélé de nos jours ses facultés d'expansion. L'Asie, l'Afrique, les Indes néerlandaises, les îles de la Sonde sont le théâtre de cette activité nouvelle. Il conquiert par centaines de mille des adhérents qu'il a arrachés au culte de Brahma comme aux doctrines de Confucius, aux superstitions du fétichisme comme à la prédication des missions chrétiennes.

Deux phénomènes principaux sont le signe de cette activité : la formation de sociétés théocratiques résolues sous l'inspiration souveraine des confréries à rénover l'Islam, et comme conséquence l'obstruction absolue aux tendances de pénétration de l'Europe des pays où ces sociétés prédominent ; en second lieu, l'organisation dans les régions où l'action européenne est permanente de partis politiques mûs par des idées assez vagues de panislamisme mais très précises de haine de l'étranger.

Dans quelle mesure, ce mouvement islamique menace-t-il les intérêts de l'Europe, quelle est sa valeur au point de vue plus général des destinées de la civilisation, on peut commencer à s'en rendre compte autant par les rapports des voyageurs qui ont étudié le développement du Mahométisme contemporain que par les études qui ont pour objet l'analyse de ce principe religieux, un des plus dominateurs qu'ait connus le monde.

I

C'est en Arabie qu'il faut étudier d'abord les causes et les effets de l'agitation musulmane, c'est de là qu'est né ce mouvement de réforme dont le contre-coup se fait ressentir actuellement de Manille à Tombouctou.

La Mecque est la capitale théocratique des croyants en Allah, c'est là qu'ils viennent tous de tous les points du monde raffermir leur foi, et ranimer leurs espérances. Cette communion perpétuelle, ce coudoiement de tant d'hommes fait du monde islamique un organisme puissant et sensible où se répercute à travers les espaces tout ébranlement. La foi musulmane a d'autres centres aussi actifs, mais c'est encore à la Mecque que les fondateurs ou rénovateurs d'ordres militants viennent mûrir leurs projets ou retremper leur résolution. C'est dans la péninsule, dans le Nedj, que naquit et prêcha Abd-Ul Wahab, le fondateur d'une secte réformatrice qui fut à l'Islam ce que la réforme de Luther a été au Christianisme. Frappé de la décadence du monde musulman, de la Turquie en particulier à qui des coups décisifs étaient portés, il crut trouver le remède dans l'application rigide de la loi Coranique. Il combattit donc tout ce que les théologiens y avaient ajouté, proscrivit le culte des saints par lequel s'adoucissait la rigidité monothéiste et rendit la guerre sainte obligatoire. La semi-indépendance de l'Arabie, le malaise dont souffrait l'Islamisme facilitèrent son succès. La prise de Médine et de la Mecque, la conquête du Hedjaz, l'occupation même de Damas furent les épisodes de la propagande de ses disciples. Le pèlerinage de la Mecque fut supprimé, de même que les prières au nom du Commandeur des Croyants. Là se bornèrent les succès des Wahabites, leur réforme tenait trop peu de compte du mouvement des idées, s'attardait trop minutieusement à des puérilités, pour triompher. Les forces turco-égyptiennes contre lesquelles vinrent se heurter les réformés en eurent raison. Traitée en secte hérétique et en parti rebelle, la confrérie fut contenue et finalement refoulée. Si elle ne put, pourtant, réformer l'Islam, son essai de réaction y produisit un besoin impérieux de mouvement. Désormais le monde musulman était tiré de sa torpeur, prêt à de nouvelles tentatives. En Arabie même, où les adhérents à la nouvelle doctrine avaient été renforcés par les Bédouins irrités contre l'administration de la Sublime Porte, l'agitation subsiste, les manifestations d'indépendance politique se mêlant ainsi aux mouvements de réforme religieuse.

Nous allons voir cet instinct de retour aux préceptes du Coran s'étendre à travers l'Asie, se modifiant suivant la civilisation et les traditions des peuples parmi lesquels il s'éveille.

La Perse qui a joué dans l'Islam un si grand rôle, qui l'a modifié au XIIe siècle ne semble pas le théâtre d'un mouvement religieux accentué. Les Schiites sont les moins dévots des musulmans, au moins les plus superficiels. Au milieu de ce siècle, une insurrection dirigée par un mystique agita l'empire.

Vaincus et persécutés, les rebelles donnèrent à leur doctrine un caractère plus philosophique que religieux. Actuellement dans ce pays où il y a moins de croyants illuminés que de dialecticiens sceptiques, la religion n'est pas un obstacle à la pénétration des civilisations étrangères. Les efforts tentés par le gouvernement persan pour exciter l'activité du pays tiennent plutôt à l'éveil d'un sentiment national qu'à la haine du chrétien.

En Afghanistan au contraire, la population est restée fanatique, soumise à l'action des prédications Whabites, hostile aux idées européennes et à tout gouvernement qui se les laisse imposer; mais c'est dans l'Inde surtout que le développement prend des caractères intéressants, car allant à l'encontre des efforts politiques et religieux de l'Angleterre, il tend à compromettre une œuvre qu'une science incomparable de domination avait su créer.

Lorsque vers l'an 1000, les premières hordes de conquérants musulmans se répandirent dans la péninsule, ils y fondèrent des états; mais s'ils mirent à sac les villes Hindoues, s'ils ruinèrent les temples bouddhistes pour construire avec leurs débris des mosquées à la gloire d'Allah, ils eurent peine à entamer l'Hindouisme et ne purent propager leur foi parmi ces populations imprégnées de mysticisme qu'en la modifiant profondément.

« L'Islamisme (1), dit Michelet, c'est la religion de l'unité... Point de Christ, de Dieu homme. Cette échelle que le Christianisme nous avait jetée d'en haut, et qui montait vers Dieu par les saints, la vierge, les anges et Jésus, Mahomet la supprime... Dieu recule dans le ciel à une profondeur infinie...

---

1. Michelet. *Histoire de France*, t. IV.

Cette religion, c'est vraiment l'Arabie elle-même... Le ciel, la terre, rien autre... un dôme impitoyablement tendu d'un sombre azur. »

Ce fut ce caractère si absolu de monothéisme, qu'altéra le contact du panthéisme hindou. Le Mahométisme s'imprégna de mysticisme et de l'infiltration de ces doctrines nouvelles, le culte des saints prit sa source.

« Les croyances mystiques constituent à l'époque actuelle, dit M. Le Châtelier (1), le principe actif qui anime l'Islam et sa seule force vive. »

Transporté ainsi d'Arabie dans l'Inde, l'Islam y prospéra à la façon d'un arbre qu'on transplante d'une terre desséchée dans un sol fécond.

Ce fut le Wahabisme qui contribua le plus à l'extension dans l'Inde du Nord des préceptes coraniques. Les autorités de Calcutta employèrent tous leurs soins à empêcher le groupement musulman d'organiser la guerre sainte prêchée presque ouvertement. Un véritable État musulman avec Patna pour capitale n'en existe pas moins en dépit de leurs efforts jusqu'à l'emploi de moyens de répression énergique.

Actuellement les progrès du Mahométisme res-

1. Le Châtelier, *l'Islam au XIXᵉ siècle*. Leroux 1888.

tent de nature à alarmer l'Angleterre. En 1887, un correspondant du *Times*, le chanoine Taylor (1) constatait qu'en dix ans, d'après les statistiques officielles, les gains de Christianisme étaient nuls, tandis que ceux du Mahométisme étaient en progression constante. Il ajoutait que cette constatation était d'autant plus grave, que les musulmans prêchaient leur foi sans avoir comme les missions l'aide constant de la métropole et d'énormes subsides. Cet aveu valut à son auteur de vives dénégations, mais si l'on contesta les bases de son calcul, on ne put protester contre le fait en lui-même.

La facilité relative avec laquelle se propage l'Islam paraît étrange, étant donné que ces races hindoues ont le bénéfice d'une vieille civilisation, la tradition d'une religion à la fois large et minutieuse, satisfaisant le faible et le fort.

Il n'en est pas moins vrai que les prédications d'Allah réveillent l'Indouisme somnolent. Une des causes de leur succès, c'est le caractère égalitaire de la doctrine qu'elles proclament (2). Le Brahmanisme relient chacun pour toujours dans la caste de ses aïeux. « La distinction est de même nature entre un chien et un taureau qu'entre un çoudra et un

---

1. *Times*, 27 octobre 1887 et suivants.
2. Le Châtelier, *l'Islam au xixe siècle*.

brahme (1). » Pour les victimes de cette tyrannie, le Mahométisme est l'indépendance, l'affranchissement moral et matériel. Les résultats de cette propagande ne sont pas sans périls pour l'Angleterre.

La communauté de religion des 50 millions de musulmans que compte la péninsule et des sujets russes de l'Asie centrale pourrait évidemment créer une source d'inquiétude au cabinet de Londres. D'autre part, il existe, dès maintenant, un parti actif et près d'être puissant dont la formule : l'Inde aux Hindous est fort nette, et un des éléments de ce parti est formé de musulmans élevés à l'européenne et n'ayant puisé dans cette éducation que le désir ardent de diriger, à l'exclusion de leurs éducateurs, les destinées de la péninsule. La foi dans l'avenir du Mahométisme se répand même chez les indigènes qui y sont réfractaires. « Savez-vous, disait un Hindou à un voyageur (2), ce qui arriverait si les Anglais abandonnaient l'Inde? Supposez que nous descendions dans nos parcs et que nous ouvrions les cages de nos bêtes féroces. En peu de minutes, elles nous auront dévorés, elles se seront dévorées entre elles, et il ne restera debout qu'un tigre, les

1. Chevrillon, *Dans l'Inde*.
2. *Voyage à travers l'empire britannique*, par le comte de Hubner.

griffes et la gueule ensanglantée et ce tigre sera mahométan. »

Les progrès du Mahométisme en Chine, moins observés jusqu'à présent ne seraient pas moins sensibles. Il serait peut-être absolu de donner une cause religieuse à la grande révolte qui faillit ruiner le Céleste Empire et qui l'ensanglanta si longtemps. Les proclamations du chef des Taïping portent un caractère religieux et monothéiste très accentué, sans doute pour lui concilier l'appui des chrétiens et des musulmans. Ses objurgations ressemblent à celles que le Mahdi soudanais proféra plus récemment. A la même époque, dans la province de Chensi, où sont les deux villes saintes de l'Islamisme chinois, Hotcheou et Kinkipao, une formidable insurrection musulmane s'ajouta aux périls qui menaçaient la dynastie mandchoue.

Aujourd'hui, malgré la répression des troubles, le rôle des musulmans est des plus considérables. On peut les évaluer à 30 millions, et ce chiffre n'acquiert sa valeur que comparé aux statistiques portant sur les religions d'importation européenne (1). Maîtres d'une grande partie du commerce, les

1. Le Châtelier, *l'Islam au xixe siècle.*

musulmans chinois forment entre eux de vastes associations par qui sont reliés les centres religieux. On peut rattacher aux conséquences de la propagande qu'ils répandent la création d'un état musulman aux dépens de la Chine dans le Turkestan oriental. Les mahométans de cette région s'affranchirent en 1863-65 de la domination chinoise. Leur chef prit le titre de Champion de la foi et se déclara dépendant du Sultan de Constantinople. Profitant de l'état alors profondément troublé du Céleste Empire, cet aventurier maintint son autorité et s'efforça d'ouvrir à l'Islam de nouvelles voies dans l'extrême Orient; mais son œuvre ne lui survécut pas et après lui les Chinois réoccupèrent les villes de cet État éphémère. Ils se vengèrent de la révolte avec une férocité qui retentit dans le monde musulman. En somme, il en est de la Chine, comme des Indes, l'Islam s'y répand et avec lui la tendance des populations qu'il pénètre à s'organiser en franc-maçonnerie pour se grouper et au besoin se soulever contre les autorités de foi différente.

La population musulmane est également de jour en jour plus nombreuse dans les archipels qui forment la dépendance de l'extrême Asie. Des émissaires des associations indoues et chinoises, aidés des Arabes déjà établis, travaillent à soulever les musulmans des Philippines contre les Espagnols. Plus de 360.000 mahométans vivent en état d'indépendance à Mindanao. Ils sont 400.000 à Bornéo. Dans les Indes néerlandaises la foi islamique est encore plus vivace. L'élément musulman y domine au point que le dialecte malais se modifie et s'altère par l'emploi de mots arabes (1). Les indigènes ont longtemps subi sans se plaindre une condition fort misérable que le très dur système colonisateur hollandais leur imposait, c'est le Mahométisme qui semble secouer leur inertie. Les hadjis consacrés par un voyage à la Mecque prêchent la résistance et enflamment le fanatisme.

Depuis 1873, le gouvernement hollandais n'a pu contraindre à l'obéissance ses sujets musulmans d'Atchin. La guerre qu'il leur a faite longtemps fut implacable et resta sans issue. Tout soldat qui s'aventurait hors des retranchements disparaissait, les convois de secours et de ravitaillement étaient coupés par les embuscades d'un ennemi invisible. Le climat est l'auxiliaire redoutable des rebelles qui restent insoumis malgré les sacrifices d'hommes et d'argent que dut s'imposer la métropole.

1. *Huit jours dans l'île de Bali*, par du Bois, 1er juin 1891, *Revue des Deux Mondes.* — Le Châtelier, *l'Islam au* xixe *siècle.*

Si l'extrême Orient n'échappe pas à la fermentation produite par l'Islamisme, il ne serait pas étonnant qu'en Asie centrale où le Mahométisme a toujours eu des métropoles florissantes, comme Samarkand et Bokhara, ou des retraites inaccessibles comme Khiva ou Merv, il y ait actuellement un regain de fanatisme et de haine contre l'étranger (1). C'est là, d'ailleurs, que s'élevèrent les hérésies fameuses qui aux viii° et ix° siècles menacèrent l'unité islamique et que les Abbassides ne purent dompter que par une extermination impitoyable. Réfugiés en Égypte, quelques échappés du massacre fondèrent au Caire la loge ou maison de la Sagesse, « immense et ténébreux atelier de fanatisme et de science, de religion et d'athéisme » (2). Reportée en Asie centrale leur doctrine se transforma en une association qui devint célèbre dans l'histoire sous le nom de secte des Assassins. Bokhara et Samarkhand furent longtemps, malgré la barbarie des hordes nomades qui les environnaient, des foyers de science religieuse. Leurs splendeurs étaient célébrées au loin sous les tentes des Turcomans et des Kirghiz. Les

---

1. Voir le travail très complet de Girard de Rialle, *Mémoire sur l'Asie centrale*.
2. Michelet, *Histoire de France*.

poésies et les œuvres mystiques de Nevai qui firent les délices de la cour de Samarkhand ont été conservées jusqu'à nous.

L'agitation musulmane qui s'est fait sentir de toutes parts ne pouvait que se développer dans ces antiques capitales qui furent pendant des siècles un refuge pour la civilisation islamique au milieu des nomades idolâtres. On vit à Bokhara l'émir entièrement dominé par les prêtres, parcourir les rues en vêtements de derviche, veiller à l'observation des pratiques religieuses (1). Mais les nomades qui des plateaux de l'Altaï aux rives de la Caspienne, erraient vivant des déprédations commises aux dépens des sédentaires n'étaient rien moins qu'orthodoxes. Une partie des Turcs qui parcourent les pentes de l'Altaï pratique encore le chamanisme, une autre a adopté un Islamisme mitigé. Pour les Kirghiz, ils se contentent de se raser la tête, de réciter quelques formules du Coran, sans se mettre en peine d'une initiation plus complète (2).

On conçoit donc que les Russes partant d'Orembourg et de Semipalatinsk aient pu sans peine, sans

---

1. Le Châtelier, *l'Islam au XIXe siècle*.
2. Levchine, *Description des hordes des Kirghiz*, Vambery, *Skiz en aus Mittelasien*, 1868.

trouver d'autres difficultés que celles fort sérieuses que leur créait la rigueur du climat, assurer leur domination sur ces peuplades. Ils eurent plus d'efforts à faire pour réduire les populations fanatiques des villes. Successivement ils soumirent le Khokand qui compte la ville sainte d'Hazret Sultan parmi ses cités, le khanat de Bokhara, malgré l'effervescence de la caste sacerdotale, et enfin le Kharizm. Toutes ces régions se pacifièrent assez rapidement. Le fatalisme musulman sembla annuler le fanatisme si prompt ailleurs à s'éveiller. Toutefois le Mahométisme depuis la conquête russe fait des progrès. Les Mollah choisis parmi les plus instruits des communautés ont une action prépondérante sur le peuple. Les pèlerinages aux lieux consacrés sont une coutume toujours suivie. Parmi les nomades, au milieu de la steppe, on trouve des lettrés enseignant à lire dans le Coran. Enfin chez les populations sauvages de l'Altai, les héros nationaux ne sont plus célébrés, et les chants populaires sont à la gloire des héros de l'Islam.

Cette pénétration du Mahométisme chez les nomades ne peut d'ailleurs causer des obstacles à la domination moscovite. Il semble que si quelques fanatiques restent à l'écart, la population des villes aussi bien que celle des steppes voient sans déplaisir la pacification que la conquête étrangère a amenée avec elle.

Dans cette région le Mahométisme revêt un caractère de neutralité pacifique qu'il n'a pas dans les autres parties de l'Asie.

II

L'évolution que subit l'Islam présente en Afrique des caractères plus marqués qu'en Asie et le développement de sa propagande est autrement rapide.

C'est que sur le continent africain, il n'a pas affaire à d'antiques sociétés jouissant du bénéfice de civilisations remontant aux âges les plus lointains de l'histoire.

La configuration massive de l'Afrique, son sol ingrat que brûle un ciel de feu, la grande étendue des espaces interdits à la vie humaine, ont maintenu les tribus noires éparses, sans lien entre elles, sans cohésion, qui pût permettre à la civilisation de s'éveiller, ou à la résistance de s'organiser contre les agresseurs étrangers. Ce n'était que par l'intermédiaire des races plus favorisées que le nègre devait recevoir sa part des progrès de l'humanité. On sait comment ce devoir fut peu rempli. Les chrétiens, comme les musulmans, ne virent dans l'Afrique qu'une terre destinée à leur fournir jusqu'à épuisement des esclaves pour peupler de travailleurs d'autres parties du monde. Les comptoirs établis depuis le xvii° siècle sur la côte occidentale étaient comme autant de sangsues épuisant l'Afrique. En même temps que les tristes outils de la traite, les bricks d'Europe ou d'Amérique débarquaient des tonnes d'alcool qui achevaient l'œuvre de démoralisation et de ruine.

Aujourd'hui l'Afrique n'est plus cette terre inconnue dont l'intérieur était figuré sur les cartes géographiques par de muets espaces blancs; des voyageurs ont remonté les fleuves jusqu'à leurs sources mystérieuses; ni les déserts sans eau, ni les forêts sans soleil n'ont arrêté les explorations. On peut, aujourd'hui que la configuration africaine est connue, s'avouer que ce grand monde ignoré valait mieux qu'une exploitation brutale et impitoyable. Après l'œuvre de l'exploration devait venir celle de la colonisation; les peuples d'Europe entrant en scène se sont adjugés plus ou moins amiablement de vastes morceaux de ces terres encore neuves. En même temps, voulant à la fois mettre en valeur leurs possessions et réparer l'antique injustice qui a pesé sur le nègre, ils ouvraient aux missions chrétiennes les territoires partagés, organisaient des expéditions scientifiques, condamnaient la traite et s'efforçaient de sanctionner cette condamnation. Malheureusement ces pensées généreuses venaient trop tard. C'était dans le Coran et non dans l'Évangile, que le nègre devait chercher son initiation, de même qu'il accueillait mieux le pèlerin musulman que l'explorateur européen. Bien que les traitants arabes continuent la chasse à l'homme que le chrétien défend et empêche, l'Africain adopte la foi et par conséquent l'état social des premiers. La conquête des races noires par l'Islam est un fait qui s'accomplit sous nos yeux avec une continuité que rien n'entrave.

Les premiers explorateurs du centre africain n'énuméraient pas parmi les difficultés qui devaient s'opposer à la colonisation des pays parcourus par eux l'extension ou simplement l'existence du Mahométisme.

Barth, un des plus attentifs et des plus sincères, reconnaît que si l'Islamisme est en décadence sur les côtes barbaresques, on trouve quelques sectes dans l'Afrique intérieure où ses derniers zélateurs se groupent et ce fait lui fait croire à la vitalité de l'Islam. Nous voyons également dans les premières publications sur le Sénégal (1) et les campa-

1. *Notice* sur la colonie du Sénégal et sur les pays qui sont en relation avec elle, par Faidherbe.

gnes de Faidherbe que la création d'un vaste royaume musulman s'oppose au développement de nos établissements; en Algérie, le premier contact avec le Mahométisme avait déconcerté notre politique et mis notre patience à dure épreuve; mais on ne généralisait pas ces observations et ce n'est qu'actuellement que se dresse véritablement contre nos projets philanthropiques ou égoïstes l'obstacle des progrès islamiques.

« De tous les phénomènes historiques du xix° siècle, dit M. de Vogüé (1), le plus considérable sera peut-être la renaissance et le progrès de l'Islam dans le continent noir. Il y retrouve dans ses anciens foyers arabes une vitalité inattendue; il en allume sans cesse de nouveaux chez les nègres. C'est une seconde hégire. »

Ce ne sont pas des statistiques impossibles à former, mais l'accord unanime de tous les voyageurs, sans distinction de nationalité, chargés de missions officielles ou représentant des intérêts particuliers, qui constate l'irrésistible extension de l'Islam sur le continent noir.

« Géographiquement, dit l'auteur déjà cité, les deux tiers de l'Afrique lui appartiennent, c'est le

---

1. *Spectacles contemporains.*

culte professé par cent races diverses, au nord d'une ligne d'autant plus difficile à préciser qu'elle avance chaque jour vers le sud... Le réduit central de l'Islam est fortement retranché au nord est de l'Afrique, dans le triangle compris entre Tripoli, le Ouadaï et le Soudan égyptien. Toutes ces régions obéissent docilement à un mot d'ordre des Senoussiya de la Tripolitaine, des Kàdrya du Soudan égyptien. »

L'Islam, en effet, grandit avec la rapidité d'un incendie. Là où les explorateurs du temps de Livingstone trouvaient des populations adonnées au fétichisme, ne répugnant pas aux relations avec l'Europe surtout lorsqu'elles avaient pour objet l'importation des alcools, on se heurte à des centres islamiques fortement groupés autour de la mosquée où la foi de Mahomet a introduit la haine du chrétien, la défiance de ce qui vient de lui. Ce qui est frappant, c'est que l'enseignement coranique apporté à travers les déserts par des prédicateurs isolés, fait d'innombrables adeptes, tandis que les missions chrétiennes, subventionnées par les dons des fidèles, appuyées par les autorités des puissances, n'arrivent pas à former autour d'elles un noyau solide de convertis.

C'est à l'Islam que tendent les nègres comme dernière étape de progrès, ou pour être moins absolu comme degré intermédiaire entre le fétichisme qui ne leur suffit plus et les croyances monothéistes telles que les enseignent nos missionnaires. Il y a évidemment pour eux plus de facilité d'accès à cette religion musulmane la plus simple dans ses dogmes, la plus aisée à concilier avec les appétits de l'homme qu'à l'initiation plus compliquée et plus ardue qu'exigent de leurs catéchumènes les différentes confessions chrétiennes. Entre l'idéal d'une atteinte aisée que lui offrent les pèlerins musulmans et les conceptions élevées vers lesquelles les missionnaires veulent l'entraîner, il n'hésite pas et ses préférences sont à la foi qu'on obtient sans chutes répétées, sans contradiction continue avec ses instincts. Ajoutons que son esprit rebelle aux abstractions ne lui fait voir le prêtre chrétien que compagnon obligé du traitant et du soldat et que l'esclavage si doux chez le musulman où l'esclave est un membre de la famille, fut pratiqué avec une brutalité sauvage par l'Européen. M. Binger (1) qui observa *de visu* l'esclavage dans l'ouest africain et les efforts des religions chrétienne et musulmane pour se supplanter, tire de son étude la conclusion que lorsque le continent entier serait converti à

1. Binger, *Esclavage, Islamisme et Christianisme*, 1891.

l'Islam, l'esclavage s'éteindrait de lui-même puisque le Coran défend de faire esclave un musulman. Cette conclusion est peut-être bien forcée puisque d'autres causes telles que celles qu'énumère ensuite l'auteur n'en subsisteraient pas moins; mais les preuves qu'il donne de l'amélioration évidente que l'Islam apporte aux nègres de la côte occidentale ne sont pas niables, et si la propagande musulmane ne conduit pas aux degrés supérieurs des progrès de l'humanité, elle n'en est pas moins selon lui une étape vers la civilisation. Au besoin, le renoncement à l'alcool dont les effets sont si néfastes aux races non civilisées, est pour la conscience rudimentaire du nègre une raison suffisante pour que sa conversion à l'Islamisme ait des conséquences immédiatement bienfaisantes et moralisatrices. C'est ainsi que, comme le dit M. Blyden (1), le langage européen représente pour les nègres des idées de cruauté, de pillage, tandis que le dialecte arabe est pour eux l'expression de la prière, de la piété, de ce qui est supra terrestre !

Si l'on peut au surplus discuter sur les motifs qui favorisent l'expansion musulmane et sur les avan-

1. Auteur d'un ouvrage intitulé: *Christianity, Islam and the negro race*, cité par le Ch. Taylor, *Times* 31 octobre 1887.
Voir pour le détail des progrès de l'Islam africain cette étude très documentée.

tages qu'elle apporte, ce qu'on ne peut contester, c'est la rapidité et la généralisation de ses progrès.

Cachées dans les sables de la Tripolitaine ou les replis de l'Atlas, les Zaouias forment de véritables foyers de fanatisme d'où partent des essaims d'émissaires dévoués prêchant Allah, vivant des aumônes des convertis, passant sans armes et sans argent de tribu en tribu, laissant toujours derrière eux une agglomération musulmane dont les membres deviennent bien vite d'ardents convertisseurs.

Comme en Asie, l'Islam est représenté par l'action incessante et de plus en plus développée des confréries (1).

Pour ne parler que des principales, les Kadriya ont le rôle actif dans l'insurrection mahdiste actuellement triomphante dans le Soudan égyptien, ils représentent également le mouvement islamique dans l'Ouest africain; les Senoussiya se sont constitué un véritable état dans le Nord africain, et sur les tribus sahariennes, les Tidjaniya sont l'élément des états créés sur le Niger où nous trouvons un obstacle toujours renaissant au développement de notre action dans le Soudan.

C'est aux dépens de l'Egypte que la rénovation

---

1. Le Châtelier, *les Confréries musulmanes du Hedjaz.* — Rinn, *Marabouts et Khouans.*

islamique a pris son plus sensible développement. Les vastes régions du Haut-Nil jusqu'où avait rayonné l'antique civilisation égyptienne et que Mehemet Ali et le fastueux Ismaïl avaient ouvertes aux explorations et à la science sont maintenant perdues sans retour. Les émissaires des confréries du Caire y entretinrent longtemps une fermentation qui eut pour épilogue le mouvement mahdiste. Un torrent de fanatiques a eu raison de la discipline de troupes instruites à l'européenne, commandées par des Anglais, du prestige du héros candide et dévot qui vint se sacrifier à Khartoum. Tout ce territoire fut submergé par le flot musulman, et jusqu'à la deuxième cataracte il est plongé dans la nuit, comme le furent pour les contemporains de Mahomet II, l'Asie Mineure et la péninsule des Balkans.

De l'Abyssinie au Ouadaï s'est ainsi constitué un khalifat dont les Khouan Kadriya sont les soldats fanatiques. Le Madhi Mohammed Ahmed, son fondateur, et Abdullah qui lui succéda, restèrent chefs d'ordre tout en devenant maîtres d'un vaste empire. Dans les hautaines proclamations adressées au vice-roi d'Égypte, à la Sublime Porte, à la reine Victoria, c'est bien plutôt l'envoyé de Dieu qui parle que le conquérant, de même dans les manifestes aux populations du Soudan. Les objurgations pieuses, les rappels à une réforme de mœurs se mêlent aux menaces et aux annonces de levées de subsides.

Cette région voit donc par les efforts des Kadriya, des Saadiya et d'autres confréries moins importantes, la propagande musulmane se développer sans obstacle.

Du Soudan égyptien, l'Islam s'étend ainsi dans le bassin supérieur du Nil jusqu'à la région des lacs. On peut considérer l'Ouganda où les conversions se sont multipliées malgré l'activité persévérante des missions chrétiennes, comme la limite extrême de ce courant islamique qui, parti du Caire, s'est grossi et transformé au Soudan.

Dans les autres régions africaines, la plus grande part de la propagande est le fait de la secte des Senoussiya qui mérite pour son extension et la multitude de ses ramifications une étude spéciale (1).

C'est dans la vitalité de cet ordre de date récente (ce n'est qu'en 1843 que son fondateur s'établit en Tripolitaine) que se concentre actuellement toute la

---

1. On ne peut, pour la connaissance de l'œuvre des Senoussiya, que renvoyer aux ouvrages suivants : *Les Congrégations religieuses chez les Arabes*, par le baron d'Estournelles de Constant (Maisonneuve, 1887); *la Confrérie religieuse de Mohammed ben Ali el Senoussi* par Duveyrier; *Marabouts et Khouans*, par Rinn; *les Confréries musulmanes du Hedjaz*, par A. Le Châtelier.

résistance de l'Islam à l'expansion de la civilisation européenne en Afrique du Nord.

Né près de Mostaganem, Mohammed ben Ali el Senoussi, son créateur, conquit de bonne heure à Laghouat où il se fixa, à Fez où il avait fait ses études, une grande réputation de savoir et de piété. Dans les étapes successives du voyage qu'il entreprit à la Mecque, il put étudier les divers centres religieux de cette Afrique du Nord qui vénère aujourd'hui son nom. Au Caire où il se range parmi les ennemis de Mehemet Ali, à la Mecque où il s'attire la haine des Eulemas, il trouva des persécutions qui achevèrent de le grandir. Ahmed ben Idriss, fameux chérif marocain dont il suivit l'enseignement, avait pour idéal la réunion en un seul faisceau de toutes les confréries. Le clergé officiel repoussa et persécuta le maître et le disciple et les força à s'enfuir dans l'Yemen. Mais leur dessein répondait trop bien à un besoin longtemps ressenti pour ne pas avoir des partisans dans le monde musulman. Lorsque Cheikh Senoussi reparut seul à la Mecque, il se proclamait réformateur, et était salué comme tel par les masses toujours en fermentation depuis la tentative des Wahabites. Un nouvel effort de l'aristocratie religieuse, ennemie naturelle de toute innovation, l'obligea à une exode définitive. Il quitta l'Arabie, mais y laissait assez de partisans pour que sa secte y devînt bientôt aussi puissante qu'en Afrique. Après un séjour au Caire, il fonda en Cyrénaïque, près de Benghazi, une zaouia florissante. Mais il se croyait encore trop près des rives de la mer et de l'action chrétienne, et vint finalement s'installer à vingt jours de marche de la côte au milieu des sables, dans l'oasis de Djerboub que son prestige et le succès de sa propagande rendit bientôt la capitale d'un véritable empire dont les limites ne font que reculer.

Il put transmettre à son fils avec les richesses réunies dans cette zaouia mystérieuse, à la fois couvent et forteresse, la continuation de son œuvre qui prenait un essor grandissant.

On peut considérer l'action du senoussisme au double point de vue des rapports de l'ordre avec le mouvement panislamique et de son rôle en face de l'Europe.

Faire revivre la foi première de l'Islam, tel est son but. Pour y parvenir, Cheikh Senoussy simplifia les pratiques de sa secte, en élargit les règles de manière à pouvoir englober toutes les autres confréries sans les forcer à se modifier. Une puissante organisation secrète porta son nom dans toutes les populations sahariennes, dans tout l'Islam africain bientôt. Le nombre des affiliés devint de plus en plus considérable. Vis-à-vis des tribus du désert, l'ordre s'efforce de jouer un rôle pacificateur. Il intervient dans les conflits, les prévient ou les calme, il sert d'arbitre dans les interminables querelles qui divisent les nomades, ses zaouias sont largement ouvertes aux caravanes.

Il s'assure ainsi une hégémonie sur les peuples divers qui errent dans le désert; prévenu avec une rapidité prodigieuse des événements qui s'y passent, rivalité de tribus, pillage de caravane, formation de missions européennes, il peut intervenir avec opportunité, et en tirer parti.

Devant l'Europe et les pays musulmans où comme en Égypte et en Turquie, le contact avec les infidèles a altéré cette autorité canonique que la confrérie veut rétablir, les Senoussiya ont une attitude fort nette de résistance et d'hostilité.

Ils ne réussirent pas, comme l'avait espéré leur chef, à former une association générale de tous les ordres islamiques. Ce fut en vain qu'ils tolérèrent les pratiques les plus diverses, depuis les tendances exclusivement mystiques jusqu'aux exercices convulsifs, la fusion ne se fit point, mais la confrérie n'en est pas moins la dépositaire des forces d'expansion du mahométisme africain, l'adversaire qui entrave, et quelquefois neutralise les efforts de la France, pour développer son empire du nord du continent.

« On connaît aujourd'hui, dit un des auteurs les plus instruits de la question (!), l'action funeste de cette immense confédération de fanatiques, qui non contente de nous interdire toute relation avec les populations de l'intérieur de l'Afrique qu'elle a converties par millions, appelle contre les chrétiens même en Europe les fidèles musulmans à la révolte, à la guerre sans merci... Haine aux chrétiens, portent les professions de foi enflammées qu'ils répandent au nom de leur chef. Fuyez leur voisinage, venez à moi et je les briserai tous du même coup. Cette secte a pris aujourd'hui une importance telle dans le monde arabe, que le Sultan lui-même est devenu, assure-t-on, un de ses affiliés. Elle groupe toutes les forces de l'Islam, et ses membres chaque jour plus nombreux sont entretenus dans l'espoir d'une revanche des vrais croyants sur les infidèles, préparés à nous disputer pied à pied un continent qu'un climat et des solitudes impitoyables ne les aident que trop à bien défendre. »

Ce n'est pas d'ailleurs une guerre immédiate

---

1. *La Politique française en Tunisie*, par P. H. X., Plon 1891.

qu'ils prêchent, et cette recommandation qu'ils répètent aux fidèles de ne pas rester dans les contrées soumises au chrétien, est une preuve que l'heure de la résistance ouverte n'a pas sonné; cette prescription même n'est pas toujours écoutée.

On ne saurait en dire autant de ce mot d'ordre absolu qui inspire les mesures fermant la zone occupée par la confrérie. L'obstruction est complète, et fidèlement assurée par une population docile aux instructions de Djerboub

Cette zone à laquelle la dénomination d'empire théocratique peut, comme le dit M. Le Châtelier, s'appliquer exactement, comprend le vaste territoire de la Tripolitaine et du Sahara, elle paraît s'étendre à l'est jusqu'aux oasis égyptiennes, à l'ouest jusqu'à la région du Touat où In Salah est un foyer de fanatisme contre lequel la France peut se heurter longtemps. Au sud, l'action du Senoussisme se développe indéfiniment, elle atteint les contrées du Tchad, le Ouadaï surtout où le Sultan se déclare orgueilleusement affilié à l'ordre.

S'il paraît résulter de ce qui précède que les Senoussyas sont les plus militants et les plus répandus des prêcheurs de l'Islam, on ne pourrait sans être bien absolu conclure que leur confédération est essentiellement notre ennemie, et qu'elle dispose de moyens d'action qui la rendent actuellement redoutable. Elle a favorisé l'exode de 200.000 dissidents tunisiens lorsque le protectorat français s'est établi sur la Régence, sans les pousser à une lutte dont l'issue ne faisait pas doute. On a vu son instigation dans la fin tragique des explorateurs européens qui se sont avancés hardiment dans le désert, mais le pillage et le massacre ne sont-ils pas l'état normal des régions où la force brutale peut se donner carrière. Le fanatisme des Senoussyas est tempéré d'un remarquable esprit politique, et la fameuse formule : « Turcs et chrétiens, je les briserai d'un seul coup » est conciliable avec beaucoup de prudence et de temporisation. Leur chef a dédaigneusement refusé l'alliance que lui proposaient les derviches du Soudan égyptien et jusqu'à présent l'ordre se contente d'appliquer son programme : empêcher toute pénétration d'infidèles vers ses centres d'action. Il reste sur la défensive attendant peut-être une heure favorable.

A l'Ouest du continent, le Maroc est aussi le théâtre d'une agitation musulmane intense qui se traduit vis-à-vis des chrétiens par une hostilité non dissimulée, fort dangereuse pour leur sécurité. « Ce pays, dit M. de la Martinière, un de ses plus heureux explorateurs, est une des citadelles les plus fermées de la foi musulmane, où la haine pour l'infidèle est la base de toute politique. » Dans la région même du Nord, l'Européen ne s'aventure pas sans risques; dans les parties montagneuses, il est forcé de se cacher. Les habitants berbères n'ont admis de la conquête arabe que l'enseignement du Coran, et c'est la communauté de religion qui seule maintient entre eux et l'autorité féodale de la cour de Fez un fragile lien de vassalité. Le Sultan doit le semblant d'obéissance qu'on lui marque encore, à l'ascendant et au prestige que conservent sur les Berbères et les Arabes, la caste sacerdotale des Chorfas, et se trouve contraint de sanctionner contre les Européens et les provenances européennes des prohibitions puériles (1). Dans ce pays où la crainte des empiètements des puissances voisines ajoute à la flamme du fanatisme, les voyageurs sont l'objet de la méfiance générale. Ceux qui se sont aventurés dans le Sous n'ont pu le faire que sous un déguisement de Juif ou de fonctionnaire marocain.

Taroudan, la capitale religieuse de la région,

---

1. M. de la Martinière cite la défense faite aux bureaux de douane de laisser passer des articles de provenance européenne où le nom d'Allah serait inscrit.

Agadir, qui a un port excellent, sont fermés aux étrangers, et les représentants du Sultan n'y ont aucune autorité, malgré les détachements de réguliers qui leur servent d'escorte.

Il n'en avait pas toujours été ainsi comme l'indique la dénomination de *châteaux des chrétiens* donnée à plusieurs ruines par les habitants. Au xIII° siècle dans cette ville de Taroudan où un chrétien découvert risque d'être brûlé vif, des emplacements spéciaux étaient réservés dans le souk aux marchands francs venant trafiquer.

Si la propagande musulmane se développe à notre insu dans le domaine du Sénoussisme et dans la région marocaine, les données ne manquent pas pour établir ses progrès dans le bassin du Niger, dans les régions soudanaises, sur la côte occidentale; on suit même avec certitude sa marche de pénétration à travers les populations fétichistes du bassin de la Sangha et dans le territoire un instant reconnu, déjà perdu pour l'Europe, du Haut Congo.

Sur la côte occidentale et dans le bassin du Niger deux confréries, les Kadriya et les Tidjaniya représentent l'Islam sous ses divers aspects; en Afrique centrale, les Arabes de Zanzibar, dont les postes avancés dépassent les Stanley-Falls, sont les initiateurs, peut-être involontaires, des noirs aux croyances coraniques. Ces deux courants, si différents d'origine, apportent aux pays qu'ils traversent un état social différent, et même un culte islamique non identique.

Les Kadriya sont surtout au Soudan une confrérie d'enseignement; ils apprennent aux nègres à lire, et à lire le Coran, successivement ils se répandent de village en village. Leur propagande aboutit à faire de l'Islam, aux yeux des nègres, l'unique agent de civilisation, et c'est ainsi que, de la côte occidentale au Soudan égyptien, la religion musulmane est un vaste trait d'union joignant, du barbare du Darfour au barbare de Guinée, cent races diverses. Sur le littoral même, où l'action européenne est incessante, où l'Angleterre, la France, l'Espagne, ont des établissements depuis trois siècles, il n'y a pas de village qui n'ait sa mosquée. A Sierra Leone, notamment, où Livingstone n'avait vu aucun musulman, on en compte aujourd'hui plus de 50.000. Ils deviennent prépondérants à Libéria dont la fondation fut due à une inspiration chrétienne. Les nègres laissent en masse leurs fétiches pour suivre l'enseignement coranique, et presque tous les guerriers portent en guise d'amulette un verset du Coran. Le Sud du Sénégal et la vallée du Niger sont surtout les foyers de cette propagande, mais même dans les centres fétichistes, les Kadriya entretiennent des marabouts qui répandent à la fois le Mahométisme et l'instruction.

Les missions anglaises qui coûtent d'énormes sommes à la métropole ne parviennent à aucun succès, parmi les indigènes, tous gagnés au contraire à l'enseignement des Kadriya.

L'œuvre de la confédération des Tidjaniya a un autre caractère. Pacifique dans le Sud algérien, l'ordre a, dans le bassin du Niger, des représentants militants et foncièrement hostiles à la France. Le chef des Tidjaniya de l'Afrique occidentale, El Hadj Omar, après un pèlerinage à la Mecque et un séjour dans la confrérie de l'ordre à Fez, revint parmi les siens pour tenir contre nous et les fétichistes le rôle de prophète et de prêcheur d'une guerre qu'il poursuivit longtemps avec succès. Nous avons vu combien son empire, formé aux dépens de peuplades asservies et terrorisées, nuisit au développement des établissements français.

Actuellement, son fils, héritier de son prestige religieux plus que de sa hardiesse, a trouvé, dans le fanatisme éveillé ainsi parmi les Peuls, un instrument docile pour rassembler contre nous les débris de son État détruit par de rudes et coûteux efforts (1).

1. Ahma-Iou, vaincu et refugié à la Mecque aurait le projet

Un autre musulman, Samory, aux instincts plus politiques, essaie encore dans la même région de reprendre le rôle de propagateur à mains armées de l'Islam. Tour à tour fétichiste et musulman, fraternisant suivant l'occasion avec les Kadriya et les Tidjaniya, Samory semble être un représentant opportuniste du Mahométisme, dont le chef des Tidjaniya accentuait l'intransigeance.

Tout porte à croire, en somme, qu'en dépit des efforts politiques et religieux qu'on mettra en œuvre la substitution de l'Islamisme au Fétichisme sera un fait accompli dans cette région si vaste, si convoitée de l'Europe, qui s'étend entre le Sahara et l'équateur.

D'après M. Binger, dont le témoignage s'accorde avec un des auteurs anglais les plus versés dans la question islamique, M. Bosworth Smith, ce serait à désirer pour le bien des populations.

Plus au Sud, Yola, dans l'Adamaoua, est la capitale d'un vaste territoire musulman, solidement organisé en face des Bantous fétichistes.

Enfin les voyageurs qui tentent de pénétrer dans les régions à peine dénommées, presque inconnues qui sont l'Hinterland des établissements de Came-

de se rendre en France pour demander à être rétabli dans ses États.

roun et du Congo français, y rencontrent déjà des marabouts venus avec les Arabes chasseurs d'éléphants. On pourrait actuellement placer l'avant-poste de l'Islam africain à Bania, dans la vallée de la Sangha. M. de Brazza y trouve un chef qui doit son prestige à l'éducation qu'un marabout lui a donnée. « Un livre de prières qu'il ne sait pas lire et les premiers versets du Coran constituent tout son bagage religieux, mais il n'en représente pas moins l'extrême avant-garde de l'expansion musulmane (1). »

Un autre chef musulman exerce un pouvoir effectif sur une autre partie de la région de l'Oubanghi, et organise par ses Etats un mouvement continu de pèlerinage vers la Mecque, où maintenant les nègres ont leurs quartiers spéciaux. La présence dans l'escorte de M. de Brazza d'un marabout sénégalais lui fit désirer d'entrer en relations avec la mission française, ce qui donne à penser à M. de Brazza qu'au lieu d'organiser de coûteuses expéditions, il suffirait de se servir parmi les nègres convertis au mahométisme d'émissaires musulmans du Sénégal et de l'Algérie.

Loin des centres de fanatisme du Nord, cet Islam

1. Rapport de M. de Brazza cité dans le *Temps* du 14 juin 1892.

d'importation perd de son caractère d'absolue domination. Il reste à fleur de peau, comme le remarque un voyageur. Ce fait suffit d'ailleurs à prouver le prestige aux yeux des nègres d'une religion dont la pratique même imparfaite assure une sorte de supériorité.

L'Afrique centrale est également pénétrée par un courant islamique; mais là les propagateurs sont les traitants arabes de Zanzibar ou les métis qui les représentent, non comme dans l'Afrique occidentale les envoyés des confréries. Une doctrine, comme le remarque M. de Voguë, vaut ce que valent les races qui la propagent; il est évident que les chasseurs d'hommes, habitués à l'impunité que leurs fusils leur donnent sur les indigènes, métis pour la plupart réunissant en eux les vices du demi-civilisé et la brutalité du sauvage, sont d'étranges convertisseurs. Pourtant les voyageurs tout en constatant les procédés sanglants des arabes dans la région des lacs et du Haut-Congo reconnaissent qu'il s'y fonde des colonies musulmanes. Si l'esclavage, cette plaie toujours ouverte, semble entretenu par les traitants de Zanzibar, il n'est pas plus le fait de l'Islam sur la côte orientale, qu'il n'a été le fait du Christianisme sur la côte occidentale. Il existait de tous temps; et encore aujourd'hui, les tribus noires ne se font la guerre que pour se procurer des esclaves ; ce sont leurs chefs qui livrent aux Arabes des troupeaux de captifs. Certaines peuplades n'ont d'autres moyens d'existence que la faiblesse de leurs voisins, sur qui elles se précipitent, massacrant les hommes et gardant vivants les femmes et les enfants. Le prestige d'un roitelet fétichiste grandit en proportion du cercle de pillage et d'incendie que ses razzias élargissent autour de lui.

Devenus prépondérants dans une région où toute marchandise se paye en captifs, où le commerce de l'ivoire ne subsiste que comme un dérivé de la traite, les Arabes ont trouvé leur intérêt en entretenant l'esclavage, ils ne l'ont ni fait naître, ni développé ; il est juste d'ajouter que l'Afrique centrale leur doit l'introduction de cultures encore inconnues pour elles, comme l'ont constaté tous les voyageurs qui ont pénétré dans la région du Haut-Congo. Venus d'ailleurs uniquement pour un but commercial, ces chasseurs d'hommes et d'éléphants ne sont point des convertisseurs.

Ils n'en ont pas moins créé un courant islamique, mais l'Islam des bords du Tanganyka diffère de celui des régions du Tchad. Il semble que les nègres se tournent moins vers un principe religieux que vers le prestige d'une organisation solide et d'une discipline qui permettent à 3 ou 4.000 Araces ou métis de dominer des centaines de mille d'indigènes répandus sur d'immenses espaces. Tremblants et affolés dans un pays où la force brutale est seule maîtresse, ceux-ci s'abritent de la traite auprès des traitants eux-mêmes, s'agglomèrent autour des centres arabes, et par contre-coup se font musulmans. Mais cette forme religieuse paraît ici se superposer au fétichisme et non le remplacer.

Des colonies mahométanes se fondent ainsi, sur le Tanganyka en face des établissements de nos missionnaires, dans l'Ouganda, où le roi Mtesa que Cameron nous fait voir à son passage, hésitant entre le Christianisme et l'Islamisme, semble avoir adopté cette dernière forme religieuse. Stanley, dont la romanesque expédition avait pour but cette région où l'action des Mahdistes entre en contact avec l'élément arabe, donne des détails sur le rapide développement du véritable empire que les marchands zanzibarites se sont créé.

Trivier constate à plusieurs reprises que leur marche envahissante menace de plus en plus l'État Indépendant. Celui-ci, imitant les Romains des derniers temps de l'empire prenant à leur solde les barbares qu'ils ne pouvaient vaincre, a fait un fonctionnaire du métis arabe qui s'était installé aux Falls par force, et lui donne des appointements. Avant Nyangoué, autrefois limite extrême des établissements musulmans, notre compatriote trouve vingt villages gouvernés par des Arabes. Plus loin il ne peut continuer son voyage sans la permission de l'un de leurs chefs, et la protection dont celui-ci le couvre suffit pour lui faciliter la traversée de régions encore chaudes d'incendies parmi des populations frémissantes (1).

Les Allemands ont fait dans la partie de l'Afrique orientale qui leur est dévolue des efforts persévérants pour paralyser la traite, sinon l'anéantir. Les missions catholiques fort actives auraient pu dans l'Ouganda contre-balancer l'œuvre des Arabes. Groupant autour d'elles des convertis qu'elles initiaient à l'agriculture, elles donnaient à ce pays dévasté par des troubles continuels le bienfait de maintenir dans certaines zones un calme relatif. Malheureusement la rivalité violente des protestants et des catholiques a annihilé ces derniers, et facilité encore plus la création de centres musul-

1. Cameron, *A travers l'Afrique*; Stanley, *Dans les ténèbres de l'Afrique*; Wissmann, *Meine zweite Durchquerung Equatorial-Afrikas*, Frankfurt an der Oder, 1891; Trivier, *Mon voyage au continent noir*, 1891.

mans dans une région que la propagande chrétienne semblait devoir faire sienne.

On voit par cet exposé rapide combien suivant les caractères des propagateurs, l'Islam africain diffère ; la politique des puissances qui ont des intérêts à acquérir ou à défendre diffère également suivant les régions. Dans les unes, il y a des droits acquis à ménager, des concours précieux dont on peut s'assurer ; dans les autres, un système de répression et de coercition doit s'imposer, et l'on ne peut discuter que les moyens pratiques de l'employer.

C'est qu'en effet, cette extension de l'Islam impose à l'Europe une attitude nouvelle et l'on ne saurait terminer sans dire quelques mots des procédés qu'adoptent les Etats européens, les uns pour le contenir, les autres pour vivre en bons rapports avec lui, et tolérer ce qu'ils ne peuvent repousser.

―――

C'est la France qui, depuis le réveil manifeste du fanatisme musulman, a dû la première en essuyer les conséquences.

« Notre destinée, dit l'auteur de la *Politique française en Tunisie*, a été dans l'Afrique du Nord de faire souvent à notre détriment et toujours à grands frais des expériences dont l'Europe aujourd'hui profite... La France aura cette gloire d'avoir été la première aux prises avec le monde arabe, et il est naturel qu'elle ait commencé par bien des erreurs et des illusions. »

Des nécessités de sa politique extérieure et intérieure l'amenèrent à donner suite à l'incident d'Alger sans prévision des déceptions, sans préparations pour y faire face. Dès l'abord, on méconnaissait les difficultés, on voulait ignorer le ressort secret des résistances imprévues, et cette mauvaise entrée en campagne devait nous coûter cinquante ans de guerres. On ne rappelle notre conquête que pour évoquer le côté brillant de cette longue épopée où, contre toutes les règles du métier, la France eut à rapprendre son rôle de puissance coloniale. On omet les polémiques stériles autant que passionnées qui divisaient le monde politique, les batailles parlementaires sans issue. A la Chambre comme au conseil des Ministres, on discuta souvent si l'on devait rester ou non en Algérie. Cédant aux exigences parlementaires, notre action fut tantôt timide et timorée, tantôt brutale et précipitée. Si le canon dut se taire pour qu'on ne l'entendît pas en Europe, d'autres fois notre conquête prit un caractère violent qu'exploitent encore contre nous les fervents de l'Islam. D'immenses régions, prolongations naturelles de l'Algérie nous ont été fermées qui se seraient ouvertes alors sans difficultés. « Les progrès de la civilisation dans ces contrées seront ainsi retardées d'un siècle peut-être ou davantage (1). »

La même hésitation parut lorsqu'à cette terre conquise, sinon pacifiée, on voulut appliquer des procédés de colonisation.

Sans parler de l'essai de 1848, bien des systèmes ont été depuis employés, puis abandonnés; l'interpellation Pauliat a suscité en 1891 de vives discussions, et tout y a été dit sur l'étendue de nos déceptions successives (2). L'Algérie que sa situation destinait à se laisser aisément pénétrer par notre civilisation, serait devenue, suivant l'expression de M. P. Leroy-Beaulieu, ce qu'est l'Irlande pour l'Angleterre : une ennemie.

Beaucoup des causes qui ont retardé le développement de notre grande colonie sont d'ailleurs transitoires; ce sont celles qui tiennent aux revirements de notre politique, à la défiance de notre épargne, elles peuvent disparaître avec le temps et l'expérience que notre pays commence à acquérir en matière d'expansion coloniale. Les difficultés que

---

1. *La Politique française en Tunisie*, par P. H. X.
2. Sénat, 27 février-2 mars 1891.

nous crée le fanatisme des Arabes sont d'une autre portée. Profondément religieux trouvant dans le Coran les principes de sa morale, les règles de ses mœurs, tout l'ensemble de ses institutions sociales, l'Arabe hait en nous l'infidèle. Il redoute notre force dont il subit la contrainte, mais méprise notre organisation dont l'idée divine lui semble bannie. Abd-El-Kader s'étonnait dans une entrevue avec M. de Maussion lors du traité de la Tafna, que l'envoyé français ne fût pas accompagné d'un prêtre. « Je me serais levé à son approche, disait-il, je serais allé lui embrasser la tête en lui demandant sa bénédiction » (1). C'est ce qui explique que malgré le déplorable gouvernement des Turcs, les Arabes en vinrent à le regretter; car ce gouvernement était théocratique, en lui obéissant, ils suivaient le texte même du prophète.

En imposant aux mœurs des indigènes la plus petite innovation, on ébranle à leurs yeux l'édifice vénérable sur lequel les siècles ont cimenté leurs traditions. La commission d'enquête nommée par le Sénat en a recueilli les preuves. A part une délégation conduite par le premier indigène ayant le titre d'avocat qui se déclarait disposé à accepter

---

1. *La France en Tunisie*, par Planchut 1ᵉʳ octobre 1890, *Revue des Deux-Mondes*. V. aussi l'article du 15 novembre suivant.

nos idées pourvu qu'une place soit faite aux hommes capables, sans distinction de race ni de religion, les musulmans qui ont été entendus ont tous été unanimes à demander qu'on ne touchât pas à leur juridiction, la religion et la loi étant pour les Arabes, chose indissoluble. « Si vous ne voulez pas porter atteinte à notre religion, disaient-ils, il faut nous laisser notre législation civile (1). »

Cette religion si chère a été dans ses rapports avec notre administration traitée de façon diverse. « On a supprimé, dit M. Benoit dans ses lettres sur la crise algérienne, le clergé régulier, modéré et pacifique par situation, et la conscience indigène est livrée sans contrepoids aux prédications des missionnaires des congrégations religieuses. »

Ces confréries ont, elles-mêmes, été souvent considérées comme des partis politiques et traitées comme tels. Certaines qui s'étaient tenues à l'écart aux époques troublées, les Tidjaniya par exemple, furent jugées capables d'attachement à notre cause; d'autres furent favorisées par nous, sans autre raison que l'hostilité qu'on leur prêtait contre des sectes ouvertement ennemies. On a ainsi grandi leur rôle et produit ce résultat que maintenant la

1. Déposition du cadi d'Orléansville. — Rapprocher de ce qui se passe aux Indes anglaises.

mosquée est sans prestige, relativement à la zaouia, et qu'invisible et insaisissable, l'action des confréries ne cesse de s'étendre dans l'Algérie méridionale.

On a vu le rôle actif joué par les affiliés au Senoussisme parmi les tribus sahariennes. Dominant à In Salah, dans le Tidikelt, ils s'opposent à cette pénétration vers la région du Touat, si souvent préconisée et dont le capitaine de Colomb parlait ainsi en 1857 :

« Iles de verdure, au milieu d'un océan de feu, splendide trait d'union tiré par la Providence entre les peuples inquiets et chercheurs du Nord, et les noirs enfants des riches contrées du Soudan. »

Pour y parvenir, El Golea, à 880 kilomètres de la côte, Aïn Sefra, à 465 kilomètres, constitueraient des bases d'opération et de ravitaillement bien pourvues de ressources. Les difficultés existent surtout dans la région même du Touat. La population subit l'action de plusieurs courants, les Charfas, descendants vénérés de la sœur de Mahomet, forment, au nombre de 15.000, une caste fermée, avec une autorité féodale sur les autres Arabes et les Berbères qui sont avec les nègres dans une situation très inférieure. Les Senoussyas dominent dans le Tidikelt et y entretiennent l'hostilité contre nous;

d'autres confréries en rivalité avec eux pourraient contrebalancer leur propagande sinon l'annihiler (1).

On ne peut nier, en attendant, combien d'obstacles sont dressés contre notre marche en avant à travers ces espaces vides d'habitants qu'il nous faut traverser pour joindre notre colonie algérienne à nos établissements du Soudan. Les anciennes routes de caravanes aboutissant à l'Algérie sont oubliées depuis longtemps. Biskra, qui avait 100.000 habitants avant l'occupation française, n'en a plus que 10.000 maintenant. C'est le désert dans tous les sens du mot qui s'étend devant nous.

Pour notre œuvre, dans les limites mêmes de l'Algérie, elle a été jugée bien sévèrement, et on remplirait des volumes rien qu'en analysant les publications pessimistes ou découragées qu'elle a suscitées. Actuellement on tend à revenir sur ce parti pris de blâme, et à excuser une politique d'hésitation, que des causes d'ordre tout à fait étranger à la colonie elle-même ont souvent causée. Aucune lecture n'est meilleure que celle du récent rapport au Sénat, dernière œuvre de M. Ferry. Les points faibles y sont bien mis en lumière, et jamais les devoirs de justice que nous avons à pratiquer largement envers l'indigène n'ont été mieux exposés.

1. Supplément au journal le *Temps* du 26 novembre 1891.

À Tunis, dans des conditions infiniment plus délicates, avec un ensemble de circonstances d'abord défavorables, on a mené à bien une œuvre dont, en France et hors de France, beaucoup attendaient et espéraient l'insuccès. Il fallait de la mesure, et de la prudence, il fallait surtout éviter des fautes qui sont comme dans l'essence de notre caractère national. On a réussi progressivement, et le grand élément de ce succès a été le ménagement constant qu'on a eu pour l'indigène aussi bien dans sa croyance que dans ses intérêts matériels (1).

Dans l'Afrique barbare, au point de contact de l'Islamisme et du Fétichisme, l'on préconise l'emploi de musulmans dévoués à notre cause pour être notre intermédiaire auprès de leurs coreligionnaires.

L'envoi d'agents instruits, bien préparés à leur tâche pour la mise en œuvre d'une politique mieux appropriée aux besoins matériels, à l'état social des indigènes qu'à la réalisation de théories conçues de toutes pièces, suffirait à prévenir des conflits dont la solution la plus heureuse n'est pas sans im-

---

1. V. sur le Protectorat dans la Régence la *Politique française en Tunisie*, un des ouvrages les plus remarquables qui aient été écrits sur l'Afrique du Nord et sur les principes généraux de la colonisation.

poser à la métropole des sacrifices toujours pénibles.

L'Angleterre, qui a plus que nous de sujets musulmans (50 millions dans l'Empire des Indes), n'a pas été longtemps sans s'apercevoir des conséquences que leur entente pouvait avoir pour son œuvre de domination.

A diverses reprises, les Wahabites du Pendjab furent dispersés, et chacune de leurs tentatives de groupement promptement réprimée. Réfugiés dans les replis des montagnes, ils n'en restèrent pas moins une menace pour le gouvernement de Calcutta, malgré la surveillance exercée continuellement sur la région.

On ne se contenta pas, d'ailleurs, du système coercitif. Le gouvernement anglais eut l'art d'obtenir de l'autorité canonique de la Mecque, un Fétouah qui condamnait indirectement la propagande que les musulmans wahabites poursuivaient dans l'Inde. Cette décision, largement publiée dans tous les centres mahométans de la péninsule, y amena un calme relatif (1).

Ayant ainsi prévenu un mouvement d'insurrection redoutable, sinon apaisé l'hostilité latente qu'ils

1. Le Châtelier, *l'Islam au xix° siècle*.

surveillaient depuis longtemps, les maîtres de l'Inde cherchèrent à donner satisfaction aux besoins intellectuels des populations ; l'instruction fut répandue à profusion, une classe d'indigènes lettrés s'organisa, d'une manière factice ; d'instinct, on le sait, elle est pleine de défiance pour les Européens, et quelques-uns prévoient le jour où l'Inde, rendue à elle-même, sera déchirée par des divisions qui amèneront la prépondérance de l'élément mahométan, de tous le plus vivace, le plus susceptible de grandir.

Actuellement, les diverses sectes anglaises travaillent opiniâtrement à s'implanter sur le sol de la Péninsule. Rien n'est épargné pour frapper l'esprit de l'indigène ; les missions sont subventionnées avec prodigalité, mais les résultats sont insignifiants. Si l'on compare le chiffre des conversions avec celui des sommes versées pour l'entretien des missions, on constate qu'un converti revient à 1.000 l. s. et 2 d. (1).

A Ceylan, également, les missions constituent une charge hors de proportion avec les résultats qu'elles donnent.

Dans la région de l'Afrique occidentale, où l'Islamisme se développe le plus rapidement, le nombre

1. Cherrillon, *Dans l'Inde.*

des conversions est dérisoire lorsqu'on le compare aux frais qu'elles occasionnent.

Parmi les principes dont s'inspire sa politique générale, l'Angleterre place, d'ailleurs, au premier rang, la nécessité de contenir ou de se concilier les musulmans, ses sujets et ses voisins. Les sanglantes tragédies de Kartoum et de Caboul nous montrent qu'elle ne s'est pas toujours tirée à son avantage de ses conflits avec eux; toutefois, le contre-coup de ces événements n'a pas à Londres, comme à Paris dans des circonstances identiques, affolé l'opinion publique et empêché le gouvernement d'atténuer les échecs subis et finalement de les réparer.

Sur la côte de la mer Rouge, les Anglais se sont acquis le concours d'une confrérie active, celle des Emirghana; s'ils ont, en 1878 stipulé l'annexion de Chypre, c'était surtout pour donner aux populations musulmanes de leur vaste empire une preuve matérielle de leur ingérence protectrice dans les affaires du Sultan.

Plus que toute autre, la Russie a réussi dans cet effort d'assimilation des musulmans qui provoque actuellement chez toutes les nations une féconde lutte d'émulation.

Ennemie séculaire et traditionnelle de l'Islam,

maîtresse de pays où des millions de fanatiques s'inspirent de ce culte, elle a su, sans abandonner ses revendications, sans dévier de sa politique, assurer l'ordre et la paix, s'imposer, se faire peut-être aimer.

Elle a, d'ailleurs, deux politiques différentes que lui inspire la diversité des pays et des races sur qui elle étend son empire.

En Europe, le long du Volga, là où les Tatars non seulement restent fidèles au Mahométisme mais entraînent à leur foi les populations encore païennes qui les avoisinent, l'autorité russe emploie des mesures rigoureuses, elle favorise les missions orthodoxes, dissémine les musulmans, les astreint à des exhortations qu'ils subissent sans se laisser convaincre, et punit durement les relaps. Les exemples ne sont pas rares de déportation en Sibérie pour apostasie. Malgré tout, les Tatars restent rebelles, et beaucoup de ceux que les statistiques officielles comptent comme orthodoxes sont musulmans de cœur (1).

Hors d'Europe, la Russie emploie plus de ménagements.

---

1. V. les études de M. A. Leroy-Beaulieu, sur l'état des cultes en Russie. *La liberté religieuse en Russie* (Revue des Deux-Mondes) 1er mai 1883.

Si elle a mis les montagnards du Caucase dans l'alternative de descendre de leurs sommets pour venir dans les vallées camper sous le canon de ses forts, ou d'abandonner à tout jamais leur patrie, elle a généralement fait bénéficier ses sujets musulmans de l'expérience que lui a donnée un long contact avec l'Islam turc ou persan.

Elle s'interdit le prosélytisme hors d'Europe et ferme le Turkestan aux missions. La tranquillité relative dont jouissait, sous l'autorité moscovite, le territoire cédé par la Perse au début du siècle, facilita cette prodigieuse extension à travers l'Asie centrale qui en fit de nos jours une des plus grandes puissances musulmanes du monde. De 1817 à 1881, la Russie n'a cessé de s'agrandir, imposant avec un égal bonheur la pacification aux rudes coureurs des plaines turcomanes, et l'apaisement dans les antiques cités religieuses. Les nouveaux sujets du Czar, bien que soumis à de lourdes contributions de guerre, semblent accepter la présence et la surveillance de l'étranger. Le khanat de Khiva, jadis le théâtre de scènes de pillage et de massacre, s'ouvre à l'industrie. Le Khan se fait envoyer des machines agricoles, et entretient à ses frais une école russe; ses sujets, plus fatalistes que fanatiques se résignent à la vie pacifique que leur fait la politique moscovite.

Ils n'en sont pas moins attachés à l'Islam, l'action des Mollah, instruits, actifs, est prépondérante parmi eux ; cette force morale est, d'ailleurs, sous la dépendance de la Russie. Le gouvernement désigne par ukase le Cheik Ul Islam dont la résidence est fixée à Orembourg.

On pourrait discuter si c'est à la continuité d'une chance heureuse, ou à une affinité de race que les Russes ont dû un succès que n'ont rencontré ni la France en Algérie, ni l'Angleterre en Asie ; ce qu'on ne peut nier, c'est le calme qui régna en Asie centrale, lorsque le Czar porta des coups si retentissants à l'empire de l'héritier des khalifes. On fit des vœux publics pour le succès des armes russes, et des musulmans combattirent leurs coreligionnaires, ceux même, peut-être qui, en 1867, avaient quitté leur terre natale pour fuir jusque chez le Sultan la domination chrétienne.

L'Autriche, que les vicissitudes de la politique ont rendue maîtresse d'un domaine taillé dans l'empire turc est devenue, elle aussi, une puissance musulmane.

Elle dut, plus qu'elle ne s'y attendait peut-être, compter avec les répugnances des populations de Bosnie où l'Islam semble indéracinable.

L'administration autrichienne, bien loin de se montrer lourde et tracassière, fait preuve d'une large tolérance et d'un esprit politique bon à imiter par sa conduite vis-à-vis des musulmans.

« La Maison des Habsbourg a juré de s'en faire aimer, dit l'auteur d'un ouvrage excellent sur la péninsule des Balkans (1). La bureaucratie autrichienne a doublé les revenus des mosquées. Les biens Vakouf ont leur palais au centre de la ville » (de Bosnaï-Seraï). Une école de droit musulman vient d'être fondée par l'empereur.

Suivant la même politique, le gouvernement hollandais offre, dit-on, à ses sujets musulmans si nombreux dans ses colonies, de l'argent pour la construction des mosquées.

Parmi les pays qui sont les champs actuels de l'évolution islamique, la Turquie doit être étudiée à part. Tantôt on a considéré les Osmanlis, comme une horde campée orgueilleusement au milieu des vaincus, aussi prête à plier bagage pour rentrer en Asie, qu'à se jeter comme jadis loin des contreforts des Balkans, à travers l'Europe saccagée; tantôt on les a admis au rang d'État dont les destinées sont indissolublement liées à celles de l'Europe.

1. M. Millet, *Souvenirs des Balkans*. Hachette.

Tout a été dit sur l'anarchie ottomane, l'incurie invétérée des Turcs, l'impuissance de leurs gouvernements. On a usé de phrases toutes faites dont l'injustice n'est apparue qu'à des esprits impartiaux.

Si dans l'empire turc, il y a des procédés d'administration caducs, s'il y a des institutions en ruine, on ne peut, nier rien qu'en étudiant son histoire contemporaine, qu'ils régissent des hommes dignes de respect et qu'ils ne font pas tort à la force conservatrice que recèle la foi commune aux races sujettes de Stamboul.

L'Islam est plus vivace dans l'empire turc que dans d'autres pays, comme la Perse et l'Egypte, mais il n'exclut pas l'idée de progrès, tel que le conçoit notre idéal d'occidentaux.

Pour s'en convaincre, il suffit de remonter aux débuts du règne de Mahmoud. Le moindre pacha le bravait, les chrétiens grecs, serbes, moldaves mettaient l'archipel en feu; le Caire semblait être la capitale future d'un empire fait des débris de celui du Sultan, au nom de qui la prière n'était même plus faite à la Mecque. Aujourd'hui tout mutilé que l'a rendu l'Europe, l'empire ottoman ne fait-il pas figure meilleure (1)?

1. V. le beau portrait de Mahmoud dans les *Souvenirs des Balkans.*

Combien de fois n'a-t-on pas annoncé son inévitable dissolution pour en venir ensuite à admirer la faculté de rebondissement de cet éternel malade?

C'est la religion qui maintient un lien solide entre les parties de cet étrange empire, c'est elle qui donne à l'hôte d'Yldiz Kiosk le prestige qui, aux jours du danger, resserre autour de lui tant de croyants. Il semble que le culte ait (ce qui n'arrive pas aux autres Etats musulmans) enfanté la notion de patrie.

Quant à cette inévitable conclusion des réquisitoires contre la Porte, où les menaces qui l'environnent sont mises sur le compte du Mahométisme, il serait équitable d'en rabattre. Les hommes d'Etat distingués qui ont dirigé la politique du Sultan dans des circonstances périlleuses, y répondaient que c'était plutôt la continuité de l'ingérence étrangère, l'insatiable nuée de faiseurs d'affaires cosmopolites qui activaient la ruine du pays (1).

Sans insister sur les tentatives avortées de Midhat, qui étaient plutôt l'artifice d'un débiteur aux abois que la conception d'un homme de gouvernement, il suffit de rappeler le nom de Mahmoud, de Reschid, d'Ali et de Fuad pour reconnaître que les initiateurs

1. *Hommes d'Etats de la Turquie*, par Challemel-Lacour, *Revue des Deux-Mondes*, 1868.

aux plus larges progrès n'ont pas manqué à la Turquie. Si Mahmoud s'est attiré la haine des croyants, les trois ministres étaient des musulmans convaincus, persuadés que leur foi était compatible avec les réformes dont ils voulaient doter leur patrie. S'ils avaient, comme les Kiuperli, pu faire école, peut-être les appréciations sur leur pays seraient-elles moins pessimistes.

Cette force d'attraction de l'Islam contemporain, est-elle une menace pour l'expansion européenne, un bien pour ceux qu'elle attire?

Il est évident que les progrès qu'a faits la colonisation européenne en Asie comme en Afrique sont actuellement entravés par la propagande musulmane; qu'elle procède pacifiquement, par insinuations insensibles comme en Afrique centrale ou qu'elle donne lieu à des agitations populaires, à des groupements hostiles à l'étranger chrétien comme dans les Indes et dans le Nord du continent africain.

Ainsi que le dit M. Le Châtelier dans la conclusion de son ouvrage si documenté, on ne saurait nier qu'il y ait là pour les intérêts actuels du monde civilisé un danger grave (1).

1. Le Châtelier, *l'Islam au xixe siècle*.

Il est permis d'ajouter toutefois que connaître les causes de ce danger, c'est déjà être sur la voie d'y remédier.

Nous avons vu que si l'idée de justice désintéressée ne règle pas encore les rapports des puissances européennes avec leurs sujets musulmans, on y remarque pourtant déjà un esprit de ménagement pour les intérêts, de tolérance pour le culte que dicte un point de vue tout pratique, mais dont les conséquences sont un progrès réel.

Si la défiance éloigne de tout commerce avec les chrétiens beaucoup de groupements musulmans indépendants, le souvenir du passé la justifie aisément. Pour ne parler que de la France, le début de notre occupation en Algérie avait un caractère de croisade, d'acte de justice répressive contre les anciens corsaires barbaresques ; qu'on rapproche ce caractère si accentué du rôle joué par nous lors de l'intervention en Tunisie, et l'on aura une idée exacte des rapports nouveaux du Christianisme et du Mahométisme.

Nous avons montré au cours de ce travail les missions chrétiennes disputant le terrain sur tous les points du globe aux sectateurs du Coran.

Leur œuvre, pourtant, ne contrebalance pas celle de la propagande musulmane. Elles soignent les malades avec dévouement, secourent les pauvres, instruisent les enfants, sans opérer de conversion, parmi les mahométans, bien entendu ; les femmes qui dans l'Europe barbare de jadis, et parmi les sauvages habitants des pays explorés de nos jours, ont été l'auxiliaire du christianisme échappent ici complètement à toute action extérieure. C'est une des raisons que donnent les missionnaires pour motiver leur peu de succès (1). C'est d'ailleurs dans la difficulté et l'aridité de leur tâche un motif de plus pour nous d'admirer l'effort persistant des congrégations catholiques de l'Orient particulièrement. En attendant qu'elles donnent des croyants à l'Evangile, ce qui est leur but principal, elles maintiennent, par l'ardeur opiniâtre de leurs travaux civilisateurs ou charitables, le prestige de la France dont elles relèvent, et le respect de la foi qui les inspire.

On ne peut nier, pourtant, et des exemples récents le prouvent, que les tentatives directes ou indirectes inspirées par une idée mystique aient, en Afrique surtout, été suivies d'échecs.

———

Considérée au point de vue des intérêts de l'hu-

1. Bernard, *De Tripoli à Tunis* (Renouard 1893).

manité, l'extension musulmane mérite autre chose que des appréciations vaguement dédaigneuses.

Il est évident que le Coran n'inspire pas plus cet impitoyable génie de destruction dont s'épouvantaient, lors de la prise de Constantinople, les imaginations chrétiennes, qu'il ne maintient ses fidèles dans des préjugés contraires à tout progrès, comme on le croyait au xviii° siècle, et comme on s'obstine encore à l'occasion à le proclamer de nos jours. Il est évident aussi que les sociétés auxquelles il a donné naissance, dont il constitue la base ne sont pas restées au Moyen-Age, mais se sont chacune développées, modifiées, suivant les conditions particulières de climat ou de civilisation où elles se trouvaient.

Il faut certainement reconnaître à cette foi coranique que nous venons de voir à l'œuvre, une prodigieuse faculté d'expansion et de bien séduisants attraits puisque dans les diverses parties du monde, elle sait pénétrer tant de masses d'hommes, les unes imbues déjà de civilisation, les autres encore barbares.

Elle sait arracher le nègre au fétichisme, à l'ivrognerie, au cannibalisme, ces trois degrés de son long abaissement; elle sait aussi abattre les murs séculaires qui divisent les castes hindoues.

Les reproches qu'on lui adresse d'intolérance, de cruauté, d'être la source de l'esclavage, de maintenir la femme dans la servitude et la déchéance, n'existent pas pour celui qui a ouvert le Coran où les principes contraires sont proclamés avec tant de grandeur (1).

Si la prédication de Mahomet a eu pour conséquence une ère de conquêtes violentes, on ne peut pas plus en rejeter la faute sur le Coran, qu'on ne doit faire remonter à l'enseignement de l'Evangile, les atrocités commises contre les Albigeois et les Vaudois, non plus que la féroce et systématique destruction des populations indiennes par les conquistadores. L'Islam n'a rien dans ses annales qui rappelle même de bien loin des faits semblables. Mahomet, d'après les traditions premières, apparaît moins comme un prophète inspiré prêchant une foi nouvelle, que comme un chef de parti, cherchant à fonder un empire. Les empires ne se créent pas par des moyens pacifiques, mais malgré la fougue d'Omar, le saint Paul de l'Islam, ni du vivant du prophète ni après lui, l'invasion arabe ne prit un caractère d'intolérance. Le Coran ne cesse de recommander l'impartialité : il parle avec bienveil-

---

1. V. Hughes, *Diction. of Islam*, Londres. — Bosw. Smith, *Mohammed and Mohammedenism*.

lance du juif et du chrétien, les blâmant seulement de leurs prétentions de concentrer en eux toute la vérité révélée. Il veut enfin qu'ils soient jugés selon leur propre loi et que leurs temples soient entretenus. D'après ces principes, les Arabes constituèrent au-dessus des vaincus une sorte de féodalité militaire, ils ne les persécutèrent pas.

Pour l'esclavage, nous avons dit, d'après le témoignage des voyageurs qui ont pu l'étudier en Afrique, ce qu'on doit en penser. On a reproché au Mahométisme de l'inspirer parce que le Coran en fait mention. On oublie que si Mahomet en parle c'est pour le réglementer en interdisant de l'étendre au musulman, en sanctionnant énergiquement la défense de maltraiter l'esclave.

La protection pour les aliénés, les soins étendus aux animaux domestiques sont prescrits aux musulmans bien des siècles avant de s'introduire dans nos mœurs.

Il en est pour la polygamie de même que pour l'esclavage. Mahomet a amélioré un état social que maintenait la condition spéciale des peuples de la péninsule. Avant lui, la femme était une chose qu'on se transmettait par succession comme un meuble. Elle était toujours dans une servitude complète vis-à-vis de l'homme, et c'était une des coutumes arabes de faire périr les filles en bas âge. Le Coran abolit complètement cette barbarie, limite la polygamie, et dans de nombreux passages on note la constante préoccupation du prophète d'assurer à la femme musulmane une dignité de vie inconnue avant lui, en lui constituant des droits et lui ménageant des égards. La claustration des femmes est, dans une société où les mœurs sont violentes, une mesure de défense, non de tyrannie. On aurait d'ailleurs tort de se représenter les femmes en pays musulman, comme privées de toute action aussi bien dans la vie de famille que dans la vie politique. En Arabie, même, elles jouissent d'une grande liberté, prennent part aux affaires publiques. Dans la région où se maintient le plus l'austère doctrine des Wahabites, où la foi primitive est conservée le plus scrupuleusement, un voyageur raconte qu'il suffit de la présence d'une femme dans une caravane pour empêcher celle-ci d'être inquiétée par les nomades. En Perse, où la sévérité de la coutume oblige les femmes, riches ou pauvres, jeunes ou vieilles, à ne sortir de chez elles que revêtues d'habits uniformément grossiers, elles jouissent dans leurs foyers des plus larges privilèges (1).

1. Voir le *Livre des dames de la Perse* (bibliothèque Orientale), Leroux; voir aussi *Observ. on the Musulmane of India*, by Meer Hassan Ali.

Le relâchement des mœurs que Mahomet aurait prêché par son exemple même est encore un reproche qu'il faudrait cesser d'adresser aux musulmans. Mahomet, non le personnage légendaire que créèrent les théologiens au xii° siècle, mais le réformateur que nous montrent les récits de ses premiers disciples était accessible aux faiblesses de l'humanité. déplaisait même à son entourage par les mariages qu'il contractait; il n'en a pas moins semé des principes de pureté dont toutes les philosophies pourraient se glorifier. Si la conception d'un paradis brûlant de sensualisme a été pour quelque chose dans les conversions au monothéisme musulman, il faut en retirer l'honneur au prophète, car ce n'est que le mélange des traditions postérieures à la pure doctrine islamique qui a fait du paradis promis aux croyants un séjour de délices matérielles.

Un autre reproche adressé aux sociétés qui ont pour règle la loi coranique est d'être réduites à une immobilité complète. L'inspiration qui dicta à Mahomet son rôle de prophète, figée maintenant dans les traditions qui doivent se conserver intactes, condamne des peuples entiers à s'isoler du mouvement général des idées, à repousser loin d'eux tout progrès comme une atteinte à la pureté du dogme révélé dont l'essence est de satisfaire à toutes les aspirations de l'homme, de le maîtriser tout entier. Qu'ils aient parlé en historien ou en philosophe ceux qu'a intéressés cette question, ont adopté cette opinion devenue ainsi un axiome.

Pour Michelet, l'Islamisme était déjà caduc à l'époque des croisades. Il n'a pu se soutenir qu'en se faisant barbare par l'admission des Mongols et des Turcs (1).

M. Réville, analysant l'ouvrage de M. Bosworth Smith déjà cité, semble admettre que le seul tort dont l'Islam ne puisse être disculpé, c'est de ne pouvoir se prêter, ni se plier aux développements nécessaires à l'évolution des sociétés humaines (2).

On est forcé pourtant de constater que le monde islamique n'a, pas plus que le monde chrétien, subi une décrépitude irrémédiable. Il a traversé des périodes de schisme, de guerres religieuses qui l'ont affaibli comme la chrétienté l'a été par la querelle du sacerdoce et de l'empire ou par la longue guerre enfantée par la Réforme. C'est précisément alors que cet affaiblissement encourageait les espérances de ses ennemis, qu'en lui se réveillaient des facultés d'énergie amenant promptement une réaction nécessaire.

1. *Histoire de France*, t. IV.
2. *Rev. des Deux-Mondes*, 1er juillet 1877 ; v. aussi *Histoire du Moyen-Age*, d'Hallam, chapitre : Grecs et Sarrazins ; et Hughes, *Dict. of Islam*, article : Mohammedanism.

Lorsque le ressort de l'Islamisme parut détendu, que les délices de Cordoue et de Bagdad eurent amolli la vigueur du fanatisme primitif, il sembla que l'irrésistible poussée des masses chrétiennes allait d'un seul élan ruiner à jamais le monde musulman. L'ère farouche des Omar et des Abou-Becker était passée et la curiosité des sciences naturelles, le goût des arts les plus raffinés remplaçaient à la cour des Khalifes l'ardeur guerrière qui redevenait indispensable. C'est alors que l'un des grands saints de l'Islam, Abd-el-Kader-el-Djilani forme la première initiation à la voie mystique où les extatiques oublient tout de la terre, de degré en degré plus anéantis, plus confondus en Dieu. C'est alors aussi que des montagnes de la Perse, se dispersèrent à travers leurs coreligionnaires, les adeptes de la secte des Assassins. On ne dormait plus dans les palais des grands depuis que le Khalife avait trouvé à son réveil, planté à quelques pouces de sa tête, le poignard, emblème de la confrérie. L'Islam se retrempa et put opposer à Richard Cœur de Lion, Saladin qui le surpasse en héroïsme chevaleresque, à notre saint Louis, Noureddin qui l'égale presque en piété.

Quant à la civilisation que les Arabes donnèrent au monde, elle eut cette particularité de ne procéder que d'elle-même, d'être spontanée. Le monde latin perdait volontairement le bénéfice du précieux héritage que la société romaine lui avait directement laissé; l'empire grec n'eut d'autre mérite que de végéter contre toute probabilité, sans apporter au monde aucun éclat; les Arabes conservèrent le peu de science, le peu d'art qu'il y eut alors. Alors qu'en Europe, la pensée humaine était captive, privée d'aliment, punie dans ses interprètes, que les lourdes assises des monuments gothiques n'étaient pas même rassemblées sur le sol, les gracieux palais de Grenade, de Séville et de Bagdad, avec la gaîté de leurs cours de marbre animées d'un jaillissement d'eaux vives, contenaient le seul foyer de civilisation artistique qui fût resté depuis que les invasions avaient plongé le monde dans la nuit; à la même époque, les universités mahométanes de Cordoue, de Fez, la plus ancienne du monde, du Caire, de Bagdad, attiraient à elles, même des pays chrétiens, tous ceux en qui persistait la curiosité de savoir que maudissait l'Église.

Se fait-il ensuite en Europe une détente, un réveil intellectuel, c'est à la conquête morale de la civilisation orientale qu'on le doit. Les auteurs grecs qui rouvrirent un horizon fermé si longtemps aux spéculations métaphysiques comme aux études de la nature, furent des centres arabes apportés par caravanes à la Chrétienté.

Quant aux Turcs, l'histoire fut toujours sévère pour eux. Ces rudes conquérants adoptèrent, sans la discuter, sans l'interroger, la foi des Arabes. Plus soucieux de se recruter des soldats que de s'attirer des prosélytes, ils rendirent à l'Islam son ardeur conquérante, et non son expansion civilisatrice. Orgueilleusement isolés au milieu des peuples conquis, prêts à se porter en avant ou à rentrer dans leurs déserts, ils furent craints et maudits de tout ce qui était civilisé, et pour l'incertitude de la politique et l'instabilité du gouvernement, Stamboul continua Byzance.

Pourtant, ces Ottomans dont la brutalité était aussi légendaire que leurs gigantesques canons, devinrent, lorsque l'Europe se fut habituée à eux, des bases de son équilibre; dès le xvie siècle, ils défendaient le faible contre le fort. François Ier, du fond de sa prison, demande l'appui de Soliman et l'obtient; Raguse est sauvée de la conquête de Venise par l'alliance turque; jusque dans les mers brumeuses du Nord, où jamais ne devaient paraître les galères barbaresques, les gueux de mer traqués par le duc d'Albe arboraient à leurs bonnets l'emblème de l'Islam.

Plus tard Louis XIV et Charles XII cherchèrent au nom de l'intérêt européen l'alliance du Grand Seigneur.

Dans notre siècle, où le monde musulman fut entamé de tous côtés par les conquêtes russes, françaises, anglaises, il sembla que l'Islam était sur son déclin, que les Turcs allaient être rejetés en Asie, qu'une effervescence dangereuse pour le Mahométisme s'étendait de plus en plus. Elle ne fut au contraire pour lui qu'une crise bienfaisante. Le Wahabisme, s'il ne fut pas une réforme au sens complet du mot, ne laissa pas néanmoins d'agir fortement sur l'esprit des croyants. Son action directe ne dépasse pas l'Arabie et l'Inde septentrionale, mais il répandit dans le monde islamique entier un désir de remonter aux sources pures de la Révélation, une énergie à réagir contre toutes causes d'affaiblissement de la doctrine et de relâchement des mœurs qui fut salutaire à tous (1).

Le Senoussysme fut plus tard le contre-coup de cette activité renaissante, de ce réveil de vitalité que nous venons de reconnaître.

L'Islam n'est donc pas de cette doctrine intransi-

---

1. Blunt, *Future of Islam.*

geante qui se refuse à tout progrès politique ou social.

A ce dernier point de vue, si on faisait une comparaison entre les pays régis par le Coran et ceux qui s'inspirent des législations européennes, l'avantage ne serait pas à ces derniers.

L'alcoolisme, plus dégradant pour l'homme que l'esclavage, est épargné aux musulmans, et l'avantage qu'ils retirent d'échapper à cette cause de dépopulation et de criminalité l'emporte largement sur les inconvénients sociaux de la séquestration des femmes et de la polygamie.

Les institutions économiques émanées du Coran ou produites par la constitution patriarcale de la société ne manquent pas. Tel l'impôt frappant les bijoux des femmes et autres objets de luxe, pour fournir avec le produit des instruments de travail aux artisans (1). L'institution des Vakoufs est due à cette idée que le riche n'est que le pourvoyeur du pauvre. Le patron musulman doit, s'il observe l'essence de sa loi religieuse, n'avoir que des rapports bienveillants avec ses ouvriers. Il lui prête sans intérêt et sans stipulation de délai (2).

1. Mismer, Souvenirs du monde musulman. Hachette 1892.
2. Le Play, Les Ouvrières de l'Orient. Première partie d'un travail sur les populations ouvrières de l'Europe, 1877.

Non seulement il existe dans le Coran un élément de progrès qui lui est propre, mais il n'exclut pas les innovations que nos lois pourraient introduire dans la situation des musulmans, sujets des nations chrétiennes.

D'après un écrivain, que sa qualité de haut fonctionnaire du gouvernement ottoman rend compétent, et qui, n'étant pas mahométan, est plus impartial pour juger la question, il suffit qu'une disposition légale ne soit pas contraire aux principes fondamentaux du Coran et que les besoins du temps légitiment son introduction, pour qu'elle soit conforme à la vérité juridique de l'Islam (1).

Le texte même du prophète porte : « Les lois ne peuvent être modifiées que par les besoins du temps. »

« L'adaptation d'une loi, d'une institution aux besoins de chaque époque est donc permise, recommandée même, dit M. Sawas ; elle doit cependant être effectuée conformément à la méthode islamique, aux règles et procédés admis et considérés comme orthodoxes...

« Islamiser signifie donc rendre islamiquement

---

1. *Etude sur la théorie du droit musulman*, par Sawas Pacha. Marchal et Billard 1892. Voir l'analyse de l'ouvrage dans le *Temps*, du 4 janvier 1893.

acceptable une loi, un règlement, une institution par des procédés islamiquement corrects. Ces procédés et ces règles, la méthode dans son ensemble, sont également de révélation; ils font partie intégrante de la religion, ils sont tirés des sources sacrées de toute croyance islamique, c'est-à-dire la parole de Dieu et la conduite de son élu. »

Par là, le résultat de notre civilisation occidentale, de notre expérience plus variée, cessera d'être inconciliable avec les dogmes immuables de l'Orient; cette défiance séculaire que le monde arabe oppose à notre pénétration pourrait s'apaiser et les voies seraient ouvertes à cette conquête morale que la France surtout poursuit depuis tant d'années.

Il semble que, si l'on observe l'Islam plus dans son essence que dans son rôle extérieur, il se rapproche du Christianisme dont il serait, comme l'a constaté un auteur anglais, une forme imparfaite, adaptée aux besoins moraux des peuples de l'Asie et de l'Afrique. Ce serait donc de toute justice, en terminant ce travail où l'on a essayé de défendre le Mahométisme contre quelques-unes des critiques qu'il a essuyées, de reconnaître que la partie la plus haute de la conception coranique s'inspire directement de la Bible et de l'Évangile. A différentes reprises, Mahomet, dans les premiers voyages de sa jeunesse, prit contact avec l'élément chrétien de l'Arabie, et plus tard, à Damas, portant déjà en lui son plan de réforme il étudie avec soin les traditions chrétiennes et juives. Toute son œuvre porte d'ailleurs la trace de sa constante préoccupation d'être un restaurateur de religion, non un apôtre d'une foi nouvelle. Abraham et Moïse sont ses prédécesseurs plutôt que ses précurseurs, car il ne se donne pas un rang supérieur à eux. Il met Jésus plus haut encore, l'appelle l'esprit et la parole de Dieu, dont il ne veut lui-même être que le serviteur. Bien qu'il n'ait pu démêler nettement l'unité du dogme chrétien des querelles de sectes et des multiples controverses qui l'obscurcissaient alors en Orient, il ne cesse de s'en inquiéter, tantôt discutant la conception trinitaire et l'affirmation des chrétiens d'être seuls en possession de la foi véritable, tantôt établissant entre eux et les adeptes des autres cultes non musulmans, des différences qu'il ne trouve jamais assez précises, assez tranchées (1).

1. Les conquérants arabes qui, dès leur entrée en pays conquis, détruisaient les temples des idolâtres, respectent et laissent entretenir les églises chrétiennes. Un musulman peut s'allier avec une chrétienne, non avec une idolâtre.

Mahomet a pris à la Bible le principe monothéiste, et a bénéficié des révélations prophétiques qui se succèdent à travers les siècles ; à l'Évangile, il a emprunté non pas la doctrine morale tout entière qui n'agréait pas à ce fondateur d'État, voulant avoir son royaume dès ce monde, mais certainement tous ces principes de générosité miséricordieuse, ces facultés d'appel impérieux à l'amour divin qui sont dans le Coran comme un reflet un peu pâli de l'enseignement du Christ.

Le prophète de la Mecque doit beaucoup à celui du Sinaï et beaucoup plus encore au sermon sur la Montagne ; mais il est dans le Coran un élément de succès qui est bien à lui, c'est cette expansion victorieuse, dont il fit preuve à son début, dont il fait preuve encore à l'heure actuelle, c'est cette conception souverainement haute d'une religion qui est à elle seule, pour tant d'hommes divers, une morale, un code de lois, une patrie et qu'aucun signe matériel n'a besoin de représenter, qui peut ainsi être à l'abri des manifestations de la force humaine, n'être en rien atténuée dans sa vitalité ni diminuée dans son prestige, parce que ses fidèles sont vaincus ou asservis.

« Ce n'est point, dit fortement l'auteur d'un

remarquable ouvrage sur la question d'Orient (1), le propre d'une âme vulgaire que de se réfugier dans une cité idéale dont on peut dire, comme de l'univers, qu'elle a son centre partout et sa circonférence nulle part... Voilà cet asile inviolable d'où le musulman même vaincu méprise encore son vainqueur. Que lui importent quelques tas de poussière, quelques villages de plus ou de moins? Ce nomade prend son appui plus haut que votre éternité d'un jour. Il se sent chez lui partout où les cieux déploient sur sa tête leur immense tabernacle. Vous pouvez englober sa tribu dans vos frontières, mais vous ne romprez pas ses liens avec la franc-maçonnerie musulmane qui étend son réseau sur l'Afrique et sur l'Asie.

« L'Islam fait ainsi des conquêtes aux deux extrémités de la civilisation : d'une part, il jette ses filets dans les antiques réservoirs d'hommes, tels que la Chine et les Indes, où la patrie n'a jamais eu de contours très précis..... d'autre part, il groupe les tribus mobiles pour lesquelles notre vie réglée, laborieuse et sédentaire ressemble fort à l'esclavage : l'Islam les embrasse sans les étouffer en leur ouvrant les portes d'une cité qui n'a pas de murailles. »

J. M. R. Millet, *Souvenirs des Balkans*. Hachette.

Cette puissance d'essor, cette faculté de comprendre sans les comprimer tant d'âmes humaines est bien à l'Islam seul, et cette force, aucune religion ne l'a révélée à ce point.

Ces avantages, il les doit à la simplicité de sa doctrine où les subtilités métaphysiques et les obscurités théologiques ne peuvent pas plus subsister qu'un brouillard sur le sol brûlant des déserts arabiques. D'une conception plus complexe, doué d'une force d'expansion moins rapide, c'est en somme le Christianisme qui, comme agent de vertus morales et sociales, doit pourtant l'emporter. Si c'est plus lentement et plus péniblement que ses conquêtes se produisent, leur valeur est par là même plus grande. La parole souvent citée : l'Islamisme est une promesse, le Christianisme est une menace, il faut la prendre à l'avantage du second. N'élevant pas celui qui l'observe à un degré promptement atteint de quiétude morale, de certitude absolue, la religion chrétienne l'oblige à des combats incessants contre lui-même et jamais ses plus grands saints n'ont pu atteindre un abri définitif contre les retours du doute et de l'angoisse morale.

Par là, elle a droit à plus de reconnaissance de la part de l'humanité; en remuant et en agitant douloureusement les âmes dans leurs intimes profondeurs, elle les a rendues fécondes, propres à une évolution plus profitable à elles-mêmes et à l'ensemble des sociétés humaines que celle qui aurait pu se produire si le monde civilisé était devenu le domain des adeptes du Coran.

PARIS

IMPRIMERIE NOIZETTE

RUE CAMPAGNE-PREMIÈRE, 8

www.ingramcontent.com/pod-product-compliance
Lightning Source LLC
LaVergne TN
LVHW052108090426
835512LV00035B/1319